이 책의 특징

■■■ 한 명이 여러 권의 책을 읽는 것보다는 여러 명이 한 권의 책을 읽고 토론하는 '공동 탐구 토론 학습법'이 훨씬 효과적입니다.

- 룰(rule)이 있는 **6단 논법** 토론 방식으로 수업을 이끌어 언어의 구사력, 청취력, 질문 능력, 논술력 등을 탁월하게 향상시킵니다.

- 교과서에 나오는 명작 동화, 전래 동화, 우화, 위인전 등을 읽고 토론하기 때문에 토론이 재미있고 쉽다는 것을 알게 합니다.

- 〈예문보기〉에서는 대화나누기, 생각지도 그리기, 찬성 논술, 6단 논법 정리하기, 어린이 시 쓰기 등 알기 쉽도록 예문을 적어 놓았습니다.

- 〈정해진 안건에 맞춰 토론 수업하기〉는 앞의 〈예문보기〉를 참고로 해서 쉽게 토론을 할 수 있게 했습니다.

- 생각지도를 그린 뒤에 논술을 쓰게 하여 논리력과 사고력을 높이고 요점 파악을 잘 할 수 있도록 하였습니다.

- 글과 연관지어 어린이 시 한 편을 쓰게 하였기 때문에 글감에 대하여 다양한 시적인 표현을 할 수 있게 하였습니다.

- 〈생각넓히기〉 코너에서는 글쓰기가 재미있다는 것을 느낄 수 있도록 다양한 글 쓰기 경험을 갖게 하였습니다.

- 마지막으로 〈말하기 토론 시간〉은 현실적인 문제를 안건으로 정한 뒤, 대화로 토론할 수 있는 기회를 주어 말하기 실력도 높이게 했습니다.

6단 논법이란?
영국의 언어 학자 톨민(Toulmin) 박사가 정립한 이론.
미국을 비롯한 유럽 등 선진국에서는 토론 수업 및 각종 프로그램에 6단 논법을 널리 이용하고 있다. (「생각의 충돌」 김병원 저 / 2000년 / 자유지성사)

토의는 주제에 대해 각자의 의견을 제시하고, 검토하는 활동으로써 주어진 문제에 해답을 찾아내는 데 의미가 있습니다.

토론은 어떤 주제를 둘러싸고 여러 사람이 각자의 의견을 말하며, 상대방을 설득시키는 데 중점을 둡니다.

토론에서의 언어 표현 방법
1. 지적인 언어 표현이어야 합니다.
2. 논리적인 표현이어야 합니다.
3. 사실에 근거한 논박을 해야 합니다.
4. 정확한 용어를 사용합니다.
5. 바르고 순화된 언어를 사용합니다.
6. 올바른 토론 문화 습관을 기릅니다.

6단 논법은 어떻게 하는 것일까요?

● **안 건** 상황이나 현실의 어떤 변화를 시도하는 내용이어야 합니다.
예) 미신을 믿고 따른 행위가 일반화된 현실이라면, '그것은 옳지 않다.'고 보는 견해를 안건으로 정해서, '미신 행위를 인정할 수 없다.'는 안건을 제시하는 찬성쪽의 토론에 대해 반대쪽은 '미신 행위가 일반화되어 있기 때문에 인정해야 한다.'는 현재의 현상을 그대로 지지하는 토론을 할 수 있습니다.

● **결 론** 안건에 대한 찬성, 또는 반대의 입장을 정합니다.

● 이 유 토론의 본질이라 할 수 있으며 6단 논법의 핵심입니다. 이유의 선택은 결론에서부터 '왜?'라는 물음을 여러 번 물어 그 응답들 중에 하나를 선택하여 결정합니다.

   예) '미신 행위를 인정할 수 없다.'는 안건에 찬성했을 경우
   ① 왜 인정할 수 없는가? – 미신은 잘못이기 때문이다.
   ② 왜 미신은 잘못인가? – 미신은 사실이 아닌 것을 믿는 것이기 때문이다.
   ③ 왜 사실이 아닌 것을 믿으면 잘못인가? – 세상은 사실로만 되어 있기 때문이다.

● 설 명 이유와 마찬가지로 토론의 중요한 본질이며 6단 논법의 핵심입니다.

   예) 미신은 사실이 아니다. 사실이 아닌 것을 믿는 것은 잘못이다. 왜냐하면, 믿는다는 것은 사실임을 전제로 하기 때문이다. 어떤 사실을 믿는 행위는 미신에 속하지 않는다. 만약 사실이 아닌데도 믿는다면 그것은 믿음이 아니라 공상이고 망상이다. 따라서 사실이 아닌 것을 믿는 미신은 공상이나 망상의 일종이므로 공상이나 망상을 실제 생활에 연결시키는 미신은 잘못이다.

● 반론 꺽기 반대쪽은 찬성쪽 안건의 찬성 결론 이유에 대해서 집중 토론하여야 합니다.

   미리 반론을 예상하고 '반론 꺾기'를 할 수 있습니다. 또 일단 찬성 토론이 있은 후, 반대쪽에서 찬성쪽의 이유와 설명이 잘못되었음을 지적하고 반론 꺾기를 할 수 있습니다. 그리고 반대 토론이 있은 다음에, 찬성쪽이 반대의 이유를 다시 집중 토론합니다.

● 정 리 어떤 안건에 대한 토론의 결론으로 찬성과 반대, 어느 쪽을 택하든 대개의 경우 예외라는 것이 있습니다. 예외가 없는 것은 토론의 대상이 될 수 없기 때문입니다. 그 예외 부분을 정리함으로써 자신의 주장을 완성시킵니다.

   예) 세상은 사실로만 되어 있기 때문에 사실이 아닌 것을 믿는 미신을 잘못이라고 토론을 전개했을 경우 – 그것은 사람의 마음일 것이다.

   (제 7차 교육과정 운영을 위한 토의·토론 학습, 장학자료 2000-18 경상북도 교육청)

이 책을 재미있게 공부하는 방법

1 먼저 〈예문보기〉를 읽습니다. 다른 친구들은 글을 읽고, 어떤 생각을 하고 어떤 주장을 하였으며 어떤 결론을 얻었는지 꼼꼼하게 살핍니다.

찬성 논술
- 찬성 논술을 쓰기 전에 먼저 생각지도를 그려 봅니다. 생각지도는 마음의 지도입니다. 마음속에 지도를 그리듯 생각지도를 그려 보고 글을 쓰면 훨씬 더 좋은 글을 쓸 수 있습니다.
- 앞장의 생각지도에 맞춰 찬성 논술을 씁니다.
- 6단 논법으로 정리를 하고, 선생님의 지도를 받습니다.
- 예문보기의 안건에 맞춰 스스로 찬성 논술을 써 봅니다.
- 6단 논법으로 정리하고, 선생님의 지도를 받습니다.
  *어린이 시 한 편을 써 봅니다.

반대 논술
- 반대 논술을 쓰기 전에 먼저 생각지도를 그려 봅니다.
- 앞장의 생각지도에 맞춰 반대 논술을 씁니다.
- 6단 논법으로 정리하고, 선생님의 지도를 받은 후, 승리한 쪽을 결정합니다.
- 예문보기의 안건에 맞춰 스스로 반대 논술을 써 봅니다.
- 6단 논법으로 정리하고, 선생님의 지도를 받은 후, 승리한 쪽을 결정합니다.

2 〈정해진 안건에 맞춰 토론 수업하기〉에서는 정해진 안건을 보고 내 주장을 펼칩니다.

찬성 논술
- 찬성 논술을 쓰기 전에 먼저 생각지도를 그립니다.
- 앞장의 생각지도에 맞춰 찬성 논술을 씁니다.
- 6단 논법으로 정리하고, 선생님의 지도를 받습니다.
  *재미있게 어린이 시 한 편을 써 봅니다.

반대 논술
- 반대 논술을 쓰기 전에 먼저 생각지도를 그립니다.

- 앞장의 생각지도에 맞춰 반대 논술을 씁니다.
- 6단 논법으로 정리하고, 선생님의 지도를 받은 후, 승리한 쪽을 결정합니다.
  *생각넓히기를 위해 재미있게 상상하여 글로 쓰거나 그림으로 그립니다.

3 〈친구들과 토론 수업하기〉에서는 다뤄지지 않는 중요한 안건을 새롭게 정합니다.

찬성 논술
- 찬성 논술을 쓰기 전에 먼저 생각지도를 그립니다.
- 앞장의 생각지도에 맞춰 찬성 논술을 씁니다.
- 6단 논법으로 정리하고, 선생님의 지도를 받습니다.
  *어린이 시 한 편을 씁니다.

반대 논술
- 반대 논술을 쓰기 전에 먼저 생각지도를 그립니다.
- 앞장의 생각지도에 맞춰 반대 논술을 씁니다.
- 6단 논법으로 정리하고, 선생님의 지도를 받은 후, 승리한 쪽을 결정합니다.
  *생각넓히기를 위해 재미있게 상상하여 글로 쓰거나 그림으로 그립니다.
  - 일기 쓰기
  - 독후감상문 쓰기
  - 상상하여 표현하기

4 〈말하기 토론 시간〉에서는 다음 수업에서 다룰 새로운 안건을 정해 주어 주장할 내용과 자료를 미리 준비할 수 있도록 합니다. 현실적인 문제를 안건으로 다루는 것이 좋습니다.

예) 일기는 쓰지 않는 것이 좋다.
예) 머리 염색을 하는 것은 자유다.
예) 이름 대신 별명을 부르는 것은 옳지 않다.
예) 차가 없을 때도 빨간 신호등을 반드시 지켜야 하는가?

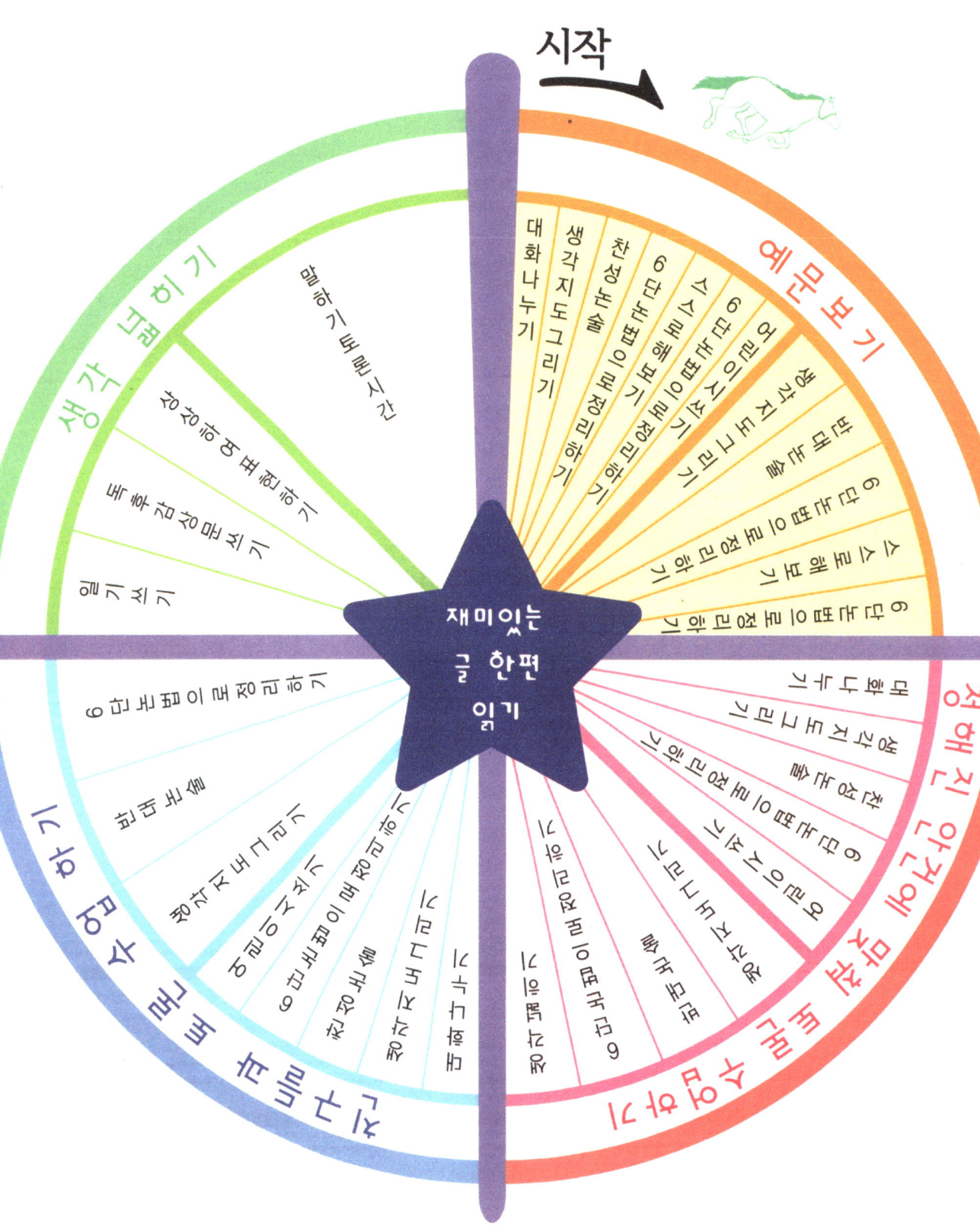

자기 주도 독서 · 토론 · 논술 커리큘럼

박제상

기획 · 구성 | 자유토론

주식회사 자유지성사

차 례

- 이 책의 특징 ·· 4
- 6단 논법 ··· 6
- 이 책을 재미있게 공부하는 방법 ······· 8
- 토론 수업 계획표 ·· 10
- 박제상 ·· 16

★ **예문보기**
- 선생님 말씀 ·· 34
- 대화나누기 ·· 35
- 생각지도 그리기 ·· 37
- 찬성 논술 ··· 38
- 6단 논법으로 정리하기 ·························· 39
- 스스로 해보기 ·· 40
- 6단 논법으로 정리하기 ·························· 41
- 어린이 시 쓰기 ··· 42
- 생각지도 그리기 ·· 43
- 반대 논술 ··· 44
- 6단 논법으로 정리하기 ·························· 45
- 스스로 해보기 ·· 46
- 6단 논법으로 정리하기 ·························· 47

★ **정해진 안건에 맞춰 토론 수업하기**
- 대화나누기 ·· 48
- 생각지도 그리기 ·· 49

- 찬성 논술 ---------------------------------- 50
- 6단 논법으로 정리하기 ----------------- 51
- 쓱쓱쓱 어린이 시 쓰기 ----------------- 52
- 생각지도 그리기 ------------------------ 53
- 반대 논술 ---------------------------------- 54
- 6단 논법으로 정리하기 ----------------- 55
- 생각넓히기 -------------------------------- 56

★ 친구들과 토론 수업하기
- 대화나누기 -------------------------------- 58
- 생각지도 그리기 ------------------------ 59
- 찬성 논술 ---------------------------------- 60
- 6단 논법으로 정리하기 ----------------- 61
- 쓱쓱쓱 어린이 시 쓰기 ----------------- 62
- 생각지도 그리기 ------------------------ 63
- 반대 논술 ---------------------------------- 64
- 6단 논법으로 정리하기 ----------------- 65

★ 생각넓히기
- 일기 쓰기 --------------------------------- 66
- 독후감상문 쓰기 ------------------------ 68
- 상상하여 표현하기 --------------------- 70
- 말하기 토론 시간 ----------------------- 74
- 나의 자료 조사 -------------------------- 75

자기 주도 독서·토론·논술 커리큘럼

「박제상」 읽고
토론·논술 커리큘럼 완전정복

기획·구성 | 자유토론

주식회사 자유지성사

박제상

　신라 제 17대 왕인 내물왕이 세상을 떠나자 실성은 스스로 왕의 자리에 올랐습니다.
　실성은 내물왕 시절 고구려의 볼모로 잡혀가 있었습니다. 그래서 고구려에 있는 동안 신라를 몹시 그리워하며 내물왕을 미워했습니다.
　마침내 신라에 돌아오게 된 실성은 내물왕의 세 아들이 모두 나이가 어려 왕위에 오르지 못하는 것을 이용해 강압적으로 왕위에 올랐습니다.
　"아직 세 왕자가 어리므로 당분간 내가 왕의 자리에 앉아 있을 것이오. 그리고 눌지 왕자가 어른이 되면 꼭 왕의 자리를 물려주겠다고 약속하겠소."
　실성왕은 그런 말로 반대하는 신하들을 다독였습니다.
　"눌지 왕자가 나라를 다스릴 만큼 자란 뒤 그대들이 그만 자리를 물러나라고 주문을 하면 그 즉시 왕의 자리를 양보할 것이오."

 실성왕은 거듭 약속하였습니다. 하지만 실성왕은 얼마 후, 자신을 따르지 않는 신하는 모두 자리를 뺏고 멀리 내쫓아 버렸습니다.
 얼마 후, 왜나라는 실성왕의 즉위를 축하한다는 명분으로 신라에 사신을 보냈습니다. 그리고 친화의 조건으로 왕자 한 명을 보내 달라는 요구를 했습니다. 그렇지 않으면 백제와 손을 잡고 고구려와 신라를 모두 치겠다는 은근한 협박도 곁들였습니다.
 실성왕은 고민에 빠졌습니다.
 '왜나라가 볼모를 요구하다니…… 어떻게 해야 좋단 말인가?'
 마침내 실성왕은 내물왕의 큰아들 눌지를 볼모로 보낼 생각을 했습니다. 자신을 고구려의 볼모로 보냈던 내물왕에 대한 앙갚음도 있었고, 한편으로 눌지를 볼모로 보내 버려야 왕의 자리가 무사할 것이라는 생각도 했던 것입니다.

왕의 자리에 오를 때는 눌지 왕자가 다 자랄 때까지만 왕의 자리에 있겠다고 약속했지만 시간이 지날수록 욕심이 생겼던 것입니다.

그러나 실성왕의 생각을 눈치 챈 눌지 왕자는 미친 사람처럼 거리를 돌아다녔습니다. 눌지 왕자를 지키려는 신하들이 그렇게 하도록 시켰던 것입니다.

"왕자님은 장차 왕의 자리에 오르셔야 할 분입니다. 만일 이번에 볼모로 잡혀가시면 영원히 돌아오실 수 없습니다. 그렇게 되면 왕의 자리는 되찾을 수가 없게 됩니다."

눌지 왕자는 신하들의 말을 따랐습니다. 어쩌면 다른 두 동생이 볼모로 잡혀갈 수도 있는 일이었지만 자신이 하루 빨리 힘을 키워 왕의 자리에 오르지 않으면 아무것도 할 수 없다는 것을 알고 있었던 것이지요.

"으흐흐흐, 재미있다!"

"애들아, 놀자!"

눌지 왕자는 머리를 헝클어뜨리고 거리를 쏘다니며 미친 사람처럼 행동하였습니다.

'할 수 없다. 눌지를 볼모로 보냈다가는 오히려 왜나라를 화나게 하겠어.'

실성왕은 눌지를 볼모로 보내는 일을 포기하였습니다.

"큰왕자가 안 된다면 다른 왕자라도 보내도록 하시오."

왜나라는 계속 다른 왕자를 볼모로 보내라고 요구해 왔습니다.

"막내 미사흔 왕자를 왜나라로 보내도록 하여라!"

실성왕은 눌지 왕자 대신 미사흔 왕자를 보내기로 결정하였습니다.

조정의 신하들이 그 사실을 알고 모두 반대를 했습니다.

"왜놈들에게 왕자님을 볼모로 보낸다니, 안 될 일입니다. 미사흔 왕자님의 나이 이제 겨우 열 살입니다. 그런데 어떻게 볼모를 보낼 수 있겠습니까? 볼모로 보낼 왕자님이 없다고 왜나라에 분명히 말씀하셔야 하옵니다."

"그렇습니다. 미사흔 왕자님을 볼모로 보내서는 안 됩니다."

"절대 안 됩니다!"

신하들은 너도나도 반대를 했지만 왕의 결심을 꺾을 수는 없었습니다.

미사흔 왕자가 왜나라로 떠나던 날, 눌지 왕자와 복호 왕자를 비롯한 많은 신하들이 눈물을 흘리며 이별을 슬퍼하였습니다.

"큰형, 작은형, 잘 있어. 나 금방 다녀올게."

"그래, 아무 걱정하지 말고 몸 건강하게 지내다 오거라."

눌지 왕자는 어린 동생의 손을 잡고 뜨거운 눈물을 하염없이 흘렸습니다.

'반드시 왕의 자리에 올라 가엾은 동생을 구출해 올 것이다!'

눌지 왕자는 이를 악물며 다짐하였습니다.

그런데 이번에는 고구려에서 볼모를 요구해 왔습니다.

실성왕은 눌지 왕자의 첫째 동생인 복호 왕자를 볼모로 보낼 작정을 했습니다. 아직도 눌지 왕자는 미친 사람 행세를 하고 다녔기 때문에 보낼 수가 없었던 것입니다.

"이번에 복호 왕자님까지 볼모로 보내시면 안 됩니다!"

"고구려가 요구하는 대로 하시면 안 됩니다!"

"눌지 왕자님은 정신이 온전하지 못하십니다. 만일 복호 왕자님까지 고구려로 보내고 나면, 백성들의 원망을 어찌 감당하실 작정이십니까?"

많은 신하들이 말렸지만 실성왕은 예정대로 복호 왕자를 볼모로 보낸다는 결정을 내렸습니다.

'절대 용서하지 않겠다!'

눌지 왕자는 비통한 심정으로 고구려로 떠나는 동생을 배웅하였습니다.

실성왕은 미친 척하고 돌아다니는 눌지 왕자를 항상 의심하였습니다.

'가만두었다가는 안 되겠다. 어떻게 하든 눌지를 없애야 해.'

마침내 실성왕은 눌지 왕자를 없애기로 했습니다.

그 계획을 제일 먼저 눈치 챈 사람이 박제상이었습니다.

박제상은 박혁거세의 후손으로 천성이 영리하고 글과 무술도 뛰어난 인물이었습니다. 그리고 자신의 출세나 이익에 대해서는 조금도 생각하지 않았습니다. 자나깨나 나라와 백성에 대한 걱정만 했습니다.

박제상은 신자천, 배중량 등 여러 신하들을 모아놓고 의논을 하였습니다.

"이대로 가만히 있다가는 무슨 일이 벌어질지 두렵습니다. 더 늦기 전에 눌지 왕자님을 왕의 자리에 오르게 해야 합니다."

"만약 눌지 왕자님을 그냥 놔두었다가는 언제 무슨 일을 당할지 모릅니다."

박제상과 여러 신하들은 그 길로 실성왕을 찾아갔습니다.

"처음 왕의 자리에 오르실 때 눌지 왕자님이 자랄 때까지만 자리를 지키겠다고 굳게 약속하셨습니다. 이제 왕자님께서 나라를 다스릴 만큼 어른이 되셨으니 그 약속을 지키시는 것이 좋을 듯 하옵니다."

"아직은 눌지 왕자가 다 자란 것 같지 않은데. 그리고 온전한 정신도 아닌 사람에게 어떻게 왕의 자리를 물려준단 말이오?"

실성왕은 한마디로 거절하였습니다.

그렇지만 때마침 고구려에서도 눌지 왕자에게 왕의 자리를 물려주라는 요구를 해 왔기 때문에 실성왕은 할 수 없이 물러날 수밖에 없었습니다.

마침내 눌지 왕자가 왕의 자리에 올랐습니다. 그렇지만 눌지왕은 볼모로 잡혀 있는 동생들을 생각하느라 하루도 마음이 편하지 못했습니다.

어느 날, 신하들과 모인 자리에서 눌지왕은 자신의 속마음을 내비쳤습니다.

"나의 두 동생이 왜와 고구려 두 나라에 볼모로 간 뒤 여러 해가 지났지만 돌아오지 못하고 있소. 형제의 정은 마음대로 되는 것이 아니어서 그리움을 어떻게 할 수가 없소. 제발 돌아오게 하고 싶은데 어찌 하면 좋겠소……."

왕은 말을 잇지 못하고 눈물을 흘렸습니다. 신하들도 숨을 죽인 채 고개를 떨구었습니다.

"하루라도 빨리 두 동생을 만나고 싶소. 누군가 꾀를 내어 동생들을 데려와 준다면 평생 그 은혜를 잊지 않으리다. 그 일을 해 낼 사람이 없겠소?"

눌지왕은 떨리는 목소리로 간절하게 말했습니다. 그러나 누구 한사람 선뜻 나서지 못하고 눈치만 살폈습니다.

그때 서발한이 앞으로 나서며 말했습니다.

"소인의 생각으로는 삽량의 주한으로 있는 박제상이 소원을 풀어 드릴 수 있을 줄 아옵니다."

그러자 다른 신하들도 나섰습니다.

"이 일은 참으로 쉽지 않으니 지혜와 용맹을 갖춘 사람이라야만 할 수 있을 것이옵니다. 박제상이야말로 용맹하고 지혜로우며 의리 또한 있으니 그를 불러 부탁하심이 어떨까 하옵니다."

눌지왕은 곧바로 박제상을 불렀습니다.

"어떻게 하면 내 불쌍한 동생들을 데려올 수 있겠소?"

눌지왕은 간곡하게 부탁하였습니다.

"임금의 근심은 신하의 고통이며, 임금의 고통은 신하에게 죽음과도 같다는 말이 있사옵니다. 일이 어렵고 쉬운 것을 따져서 행한다면 충성스럽다 할 수 없을 것이며, 죽음이 두려워 망설인다면 용맹하다 할 수 없을 것이니, 신이 비록 어리석고 부족하오나 두 왕자님을 구출해 오겠습니다."

이튿날 박제상은 홀로 고구려로 향했습니다.

경비가 워낙 심해서 국경을 넘어가기가 쉽지 않았습니다. 하지만 박제상은 고구려 상인의 옷을 미리 준비하였기 때문에 아무 의심도 받지 않고 무사히 국경을 넘을 수 있었습니다.

국내성에 들어간 박제상은 곧바로 복호 왕자를 찾아갔습니다.

"저는 폐하의 명을 받고 비밀리에 이곳까지 찾아온 박제상이옵니다."

"뭐라고? 신라에서 왔다고?"

복호 왕자는 눈물을 글썽거리며 반가워했습니다.

이튿날 박제상은 눌지왕의 친서를 가지고 장수왕을 찾아갔습니다.

"이웃한 두 나라가 국교를 맺는 일은 오직 믿음과 의리에 바탕을 두어야 한다고 알고 있습니다. 지금 우리 왕께서는 동생에 대한 그리움으로 병이 날 지경이오니, 바라건대 큰 나라의 왕으로서 너그러움을 베푸소서. 대왕께서는 복호 왕자를 신라로 돌려 보내더라도 아무런 손해가 없을 것이옵니다. 더욱이 우리 왕께서는 대왕의 덕을 헤아릴 수 없는 큰 은혜로 간직할 것이니, 부디 그 점을 생각하소서."

장수왕은 복호 왕자를 돌려보내 달라는 박제상의 간곡한 부탁에 감탄하였습니다.

"듣고 보니 그 말이 맞소. 소원대로 해 드리겠소."

"참으로 감사하옵니다."

박제상은 몹시 기뻐하였습니다. 하지만 고구려의 신하들이 완강하게 반대를 하고 나섰습니다.

"안 되겠습니다. 몰래 고구려를 빠져 나가는 수밖에 없을 듯합니다."

박제상은 복호 왕자에게 이렇게 말했습니다. 그리고 포구에 배 한 척을 미리 구해 두었습니다.

밤이 되자, 복호 왕자는 감시하는 군사들을 따돌리고 궁궐을 빠져 나왔습니다. 사방은 칠흑처럼 어두웠습니다.

"어서 타십시오."

해변에 미리 나와 있던 박제상은 서둘러 복호 왕자를 배에 태웠습니다.

그렇지만 벌써 눈치를 챈 군사들이 요란한 소리를 내며 달려오고 있었습니다.

"당장 멈추지 못할까!"

군사들은 한걸음에 달려와 복호 왕자와 박제상을 붙들었습니다.

"가만들 계시오!"

복호 왕자는 박제상을 가로막으며 크게 외쳤습니다.

그리고 대장을 붙들고 사정하였습니다.

"내가 내 나라로 돌아가고 싶어하는 간절한 마음은 그대가 누구보다 잘 알고 있지 않소. 제발 눈을 감아 주시오. 고구려에 와서 하루도 눈물을 흘리지

않은 날이 없었소. 나라와 형제가 그리워 떠나려 하는 내 마음을 제발 헤아려 주시오."

복호 왕자의 간절한 부탁에 대장은 고개를 숙였습니다.

"그 동안 쌓아 온 정을 생각해서 왕자님 말씀대로 해 드리겠습니다."

마침내 군사들은 복호 왕자와 박제상이 탄 배가 해변을 빠져 나갈 수 있도록 도와 주었습니다.

이렇게 해서 박제상은 복호 왕자를 데리고 신라로 돌아올 수 있었습니다.

눌지왕은 동생을 보자마자 기쁨의 눈물을 흘렸습니다.

"형님!"

"내 동생 복호야!"

눌지왕은 복호 왕자를 만난 것을 몹시 기뻐했지만 그것도 잠시, 막내동생을 떠올리자 또다시 근심에 사로잡혔습니다.

"왜나라에 잡혀 있는 미사흔을 생각하니 가슴이 아프구나. 두 동생은 내 두 팔과 같은데, 동생 하나가 아직 돌아오지 못하였으니 이를 어쩌면 좋단 말인가?"

그 말에 박제상이 대답하였습니다.

"신이 비록 재주가 없고 어리석으나, 이미 나라에 몸을 바쳤사오니 어찌 목숨을 아끼겠습니까? 그러나 고구려는 큰 나라요, 왕 역시 어진 임금이어서 신의 간곡한 말 한마디로 깨우쳤지만 왜나라의 왕은 교활하고 의리가 없는 까닭에 입과 혀로 달랠 수는 없으니 마땅히 거짓 꾀를 내어 왕자님을 빼내 오는 수밖에 없습니다. 그러니 대왕께서는 신이 왜나라로 떠나면, 곧 신이 나라를 배반하고 간 것처럼 소문을 퍼뜨려 주시옵소서. 그리고 신의 가족들도 살던 집에서 멀리 내쫓아 주십시오. 그래야 의심 많은 왜나라 왕도 제 말을 믿을 것입니다. 지금 당장 왜나라로 출발하여 미사흔 왕자님이 무사히 돌아오시게 하겠나이다."

"참으로 고마운 말이오. 그럼 다시 한 번 부탁하겠소."

박제상의 말에 눌지왕은 몹시 기뻐하였습니다.

박제상은 집에 들르지도 않은 채 곧바로 왜나라로 가기 위해 포구로 나갔습니다.

박제상이 다시 왜나라로 떠난다는 소식을 들은 부인이 허둥지둥 달려왔습니다. 하지만 박제상은 벌써 배에 올라 있었습니다.

"여보, 부디 잘 다녀오세요."

부인은 눈물을 흘리며 마지막 인사를 했습니다.

"큰 사명을 띠고 적의 나라로 들어가니 어찌 살아서 그대와 다시 만나기를 기대하리오."

"꼭 돌아오실 때까지 눈이 오나 비가 오나 기다릴 것입니다."

"말하지 않았소. 왕자님은 무사히 탈출시킬 수 있더라도 내 목숨까지 지킬 수는 없을 것이오."

박제상은 그렇게 말하고 배를 출발시켰습니다.

부인은 박제상이 탄 배가 사라질 때까지 그 자리에 서서 뜨거운 눈물을 뚝뚝 흘렸습니다.

왜나라에 도착한 박제상은 곧바로 왜나라 왕을 찾아갔습니다.

 "저는 신라왕 눌지에게 충성을 다하였으나 돌아온 대가는 누명뿐이었사옵니다. 눌지가 고구려의 사신으로 다녀온 저를 반역자로 몰아 죽이려하였나이다. 충성스러운 신하도 알아보지 못하는 눌지 같은 자를 더 이상 왕으로 섬기고 싶지 않사옵니다. 원하옵건대 대왕께서는 은혜를 베푸시어 저를 신하로 삼아 주시옵소서."

 박제상은 꾸민 대로 이야기했습니다. 하지만 왜나라 왕은 박제상의 말을 믿지 않았습니다. 그래서 즉시 신라에 첩자를 보내어 사실을 확인했습니다. 하지만 눌지왕은 박제상의 말대로 모든 일을 완벽하게 꾸민 뒤였습니다.

 "박제상의 가족을 옥에 가두고 재산도 모두 몰수하였다고 하옵니다."

 신라를 다녀온 사신은 그렇게 말했습니다. 그때서야 왜나라 왕은 박제상의 말을 믿었습니다.

 "장차 신라를 칠 때 미사흔 왕자와 박제상을 앞잡이로 삼으면 크게 승리할 것이다."

 왜나라 왕은 이런 속셈으로 박제상을 받아들였습니다.

 하지만 시간이 지날수록 왜나라 왕은 박제상의 사람됨과 재능에 이끌렸습니다. 그래서 박제상은 왜나라 왕이 가장 신임하는 신하가 되었습니다.

박제상은 어렵지 않게 미사흔 왕자에게 접근할 수 있게 되었습니다.

"신라로 모셔 오라는 명을 받고 왔사옵니다. 지금부터 왕자님은 저와 편안하게 낚시를 하거나 사냥을 하면서 저들을 안심시켜야 할 것입니다."

"참으로 고맙습니다. 뭐든 시키는 대로 하겠습니다."

미사흔 왕자는 박제상의 손을 잡고 고마워했습니다.

박제상과 미사흔 왕자가 가깝게 지내자 왜나라 왕은 은근히 불안해졌습니다. 그래서 신라에 남아 있는 박제상의 가족을 인질로 데려올 생각을 하였습니다. 하지만 박제상은 왜나라 왕의 생각을 눈치 채고 미사흔 왕자와 함께 배를 타고 물고기나 오리를 잡으며 태연하게 행동하였습니다.

하루 이틀, 아무런 변화가 없자 왜나라 왕도 박제상의 가족을 데려올 생각을 버리게 되었습니다.

이제 날마다 물고기를 잡거나 사냥을 하면서 세월을 보내는 미사흔 왕자와 박제상을 의심하는 사람은 한 명도 없었습니다.

그러던 어느 날, 바닷가에 안개가 자욱하게 낀 날, 박제상은 미사흔 왕자에게 말했습니다.

"탈출할 때가 온 것 같습니다. 저기 있는 배를 타고 신라로 가십시오."

"아니, 나 혼자 가라는 말씀이시오?"

"저는 여기 남아 왜놈들의 추격을 막아야 합니다."

"아버지처럼 따르고 의지하던 경을 남겨 두고, 어찌 나 혼자만 돌아간단 말이오?"

미사흔 왕자는 고개를 저었습니다.

"두 사람이 함께 떠나면 실패하기 쉽습니다. 저는 신라를 떠날 때 이미 목숨을 버렸사오니 아무 염려 마시고 떠나십시오."

박제상은 미사흔 왕자를 안개 속으로 밀었습니다.

미사흔 왕자는 눈물을 흘리며 배에 올랐습니다.

곧바로 방으로 돌아온 박제상은 미사흔 왕자가 멀리 도망칠 때까지 시간을 벌기 위해 일부러 늦잠을 자는 척하였습니다.

"왕자님이 왜 안 보이십니까?"

군사들이 이상하게 여기며 묻자 박제상은 아무렇지 않게 대답하였습니다.

"아마 어제 사냥을 해서 몹시 피곤했던 모양이오. 아직도 자고 있소."

"한 번도 늦잠 자는 일이 없던 분이 늦잠을 자다니요? 혹시 외출한 것은 아닙니까?"

군사들은 의심의 눈초리를 풀지 않았지만 박제상은 시치미를 떼고 말했습니다.

"나와 사냥을 다니거나 낚시를 다니는 일 빼고는 바깥 출입을 전혀 하지 않으셨소."

박제상의 말에 군사들은 고개를 끄덕였습니다.

하지만 해가 중천에 뜨도록 미사흔 왕자의 모습이 보이지 않자 탈출했다는 것을 눈치 채고 말았습니다.

"미사흔 왕자가 탈출했다. 쫓아가서 잡아오도록 해라!"

군사들이 우르르 바닷가로 달려갔습니다. 하지만 미사흔 왕자는 이미 멀리 떠난 뒤였습니다.

미사흔 왕자를 탈출시킨 것이 박제상이었다는 사실을 알게 된 왜나라 왕은 몹시 화를 냈습니다.

"당장 그 놈을 끌고 와라!"

박제상은 온몸이 꽁꽁 묶인 채 왜나라 왕 앞으로 끌려갔습니다.

"내가 너에게 그토록 잘해 주었는데 너는 어찌하여 나를 속였느냐!"

"나는 신라의 신하로서 우리 임금의 뜻을 받아들였을 뿐이다!"

"너는 이미 내 신하가 되지 않았느냐!"

"나는 한 번도 왜의 신하가 된 적은 없었다! 차라리 신라 땅에서 개나 돼지로 살지언정, 내 나라를 버리고 너의 신하가 되고 싶지는 않다. 내 차라리 신라에서 매질을 당할지언정, 네가 주는 재물로 부귀 영화를 누리고 싶지는 않다."

그 말에 왜나라 왕은 크게 분노했습니다. 화가 머리끝까지 치밀어 오른 왜나라 왕이 소리쳤습니다.

"저 놈의 발바닥 가죽을 벗기고 갈대밭을 걷게 하라!"

잔인한 왜나라의 군사들은 박제상의 발바닥 가죽을 벗기고 갈대밭을 걷게 했습니다. 날카로운 갈대밭을 걷는 동안 발바닥에서는 뜨거운 피가 줄줄 쏟아졌습니다.

그러나 박제상은 눈 하나 깜짝하지 않았습니다.

왜나라 왕이 다시 물었습니다.

"너는 어느 나라의 신하냐?"

"나는 신라의 신하다!"

왜나라 왕은 철판을 달구어 박제상을 그 위에 올라서게 하였습니다. 그러나 그 어떤 고문에도 박제상의 곧은 마음은 변하지 않았습니다.

마침내 왜나라 왕은 박제상을 장작불 위에 올려놓고 불태워 죽이고 말았습니다.

활활 타오르는 불길 속에서도 박제상은 태연한 모습을 보였습니다.

박제상을 태우는 불길은 하늘로 치솟았습니다. 그리고 어느 순간이었습니다.

'우르릉 꽝꽝!'

하늘에서 날벼락이 떨어졌습니다.

"으악! 벼락이다!"

왜나라 왕은 몹시 놀라며 비명을 질렀습니다. 그것만이 아니었습니다. 하늘로 치솟은 불길은 다시 곤두박질쳐서 박제상을 불 속으로 밀어 넣었던 군사들을 단숨에 집어 삼키고 말았습니다. 그 옆에 있던 군사들도 피를 토하며 죽어 갔습니다.

"박제상은 하늘도 아끼는 신하였구나!"

독한 왜나라 왕도 박제상의 죽음을 아까워했습니다.

박제상이 죽은 뒤, 부사로 갔던 김철복이 박제상의 의복을 수습하여 땅에 묻고, 그 사실을 혈서로 써서 말의 입에 물렸습니다.

"서둘러 신라로 달려가거라!"

김철복은 채찍으로 말을 힘껏 내리쳤습니다. 그리고 박제상을 따라 목숨을 끊었습니다.

혈서를 입에 문 말은 죽을 힘을 다해 넓은 바다를 헤엄쳐 신라 땅에 도착하였습니다. 그리고 궁궐 앞에 이르러 혈서를 토하고 그 자리에 쓰러져 숨을 거두었습니다.

"아, 아까운 신하 한 명을 잃었구나."

혈서를 읽은 눌지왕은 크게 슬퍼하였습니다.

박제상이 왜나라로 떠난 뒤, 부인은 망덕사 남쪽 모래 위에서 한 걸음도 움직이지 않았습니다.

"왜 안 오십니까? 제발 무사히 돌아오십시오."

부인은 비가 오나 눈이 오나 남편이 무사히 돌아오기만을 빌고 빌며 세월을 보냈습니다.

"제발 그만 집으로 돌아가십시오."

"어린 자식들을 생각하셔야 합니다."

친척들이 찾아와 걱정을 하며 억지로라도 부인을 집으로 데려가려고 했습니다. 하지만 부인은 두 다리를 뻗은 채 앉아서 일어나지 않았습니다.

미사흔 왕자가 무사히 돌아왔다는 소식과 왜나라 왕이 박제상을 불에 태워 죽였다는 소문이 나라 안에 순식간에 퍼졌습니다.

그 소문은 부인의 귀에도 들어갔습니다.

"어찌 이러실 수가 있단 말씀이십니까? 이렇게 애타게 기다리는 저를 생각해서라도 살아 돌아오실 것이지……."

부인은 왜나라를 바라보며 통곡하였습니다.

"내 죽어서라도 그 분의 넋을 신라로 모셔 올 것이다. 그 낯선 땅에서 넋인들 편하실까."

부인은 슬피 울다 그 자리에서 숨을 거두었습니다.

그 후, 신라 사람들은 돌을 깎아 부인이 죽은 그 자리에 망부석을 세우고 철마다 제사를 지냈습니다.

그리고 부인의 넋을 기리기 위해 사당을 짓고 '수리재 신모'로 섬겼습니다.

한편 눌지왕은 두 동생을 무사히 데려왔지만 아까운 신하를 잃은 슬픔에 빠져 있었습니다.

그러던 어느 날이었습니다. 새 한 마리가 날아와 구슬픈 소리로 지저귀는 것이었습니다.

새는 기둥에 '목도의 넋을 안고 고국에 돌아오니 누가 그 슬픔을 알리오.'라고 쪼아 놓고 날아갔습니다.

"목도라면 박제상이 죽었다는 곳이다. 서둘러 저 새를 따라가 보아라!"

눌지왕은 군사들에게 그렇게 명령을 내렸습니다.

새는 군사들이 따라올 수 있도록 천천히 날아갔습니다. 그리고 산 기슭의 바위 속으로 들어갔습니다.

"부인의 넋이 목도로 날아가 가엾은 박제상의 넋을 신라로 데려왔구나."

눌지왕은 새가 들어간 그 바위를 '은음암'이라 하고 그 바위 위에 '영신사'를 세워 제사를 지내게 했습니다.

그리고 죽은 박제상에게 대아찬이라는 높은 벼슬을 내리고 부인은 나라의 어머니라는 뜻을 가진 '국대 부인'으로 섬겼습니다.

그리고 미사흔 왕자는 박제상의 둘째 딸 아영을 부인으로 맞이했습니다. 아영은 다섯 살 된 남동생을 기르며 어렵게 살아가고 있었습니다.

그 아들이 바로, 훗날 방아타령으로 유명한 백결 선생입니다.

세종대왕은 "박제상이야말로 신라 천년에 으뜸 가는 충신이었다."고 하며 그의 충성심을 높이 칭찬하였습니다.

선생님 말씀

 박제상은 왕의 두 동생을 구하기 위해 목숨을 아끼지 않았습니다. 나라가 힘이 없었기 때문에 고구려와 왜나라로 왕자들을 볼모로 보냈지만 박제상은 지혜와 용기로 두 왕자를 무사히 구해 냈던 것이지요. 임금의 근심은 곧 나라와 만백성의 근심이라는 말이 있었던 것은, 왕은 그 나라의 어버이기 때문이겠지요? 박제상이 죽음을 무릅쓰고 고구려와 왜나라로 가서 왕자들을 구해 온 것은 단순하게 왕의 동생을 구해 온 것이라고만은 할 수가 없습니다. 그것은 바로 신라 사람들의 자존심과 자긍심을 살리기 위함이 가장 큰 목적이었을 것입니다.
 박제상이 목도에서 불에 타 죽은 무렵, 그의 아들은 다섯 살이었다고 합니다. 그리고 그 아들은 지금까지 널리 알려진 '백결 선생'입니다. 명절에 쌀로 떡방아를 찧는 대신 거문고로 꿍덕꿍덕 떡방아를 찧었던 청렴결백한 분이었지요.
 자, 이제부터 박제상의 내용 중에서 안건을 정해 토론 수업을 시작하도록 해요.

예문보기
대화 나누기

사회자 : 지금부터 '박제상' 중에서 중요한 안건을 정한 뒤에 서로 의견을 나누도록 하겠습니다.

안건 눌지 왕자가 미친 척해서 자기 대신 두 동생을 볼모로 보낸 것은 현명한 판단이었다.
반대 눌지 왕자가 왕의 자리를 되찾기 위해 미친 척하면서까지 동생들이 볼모로 끌려가게 한 것은 형의 도리가 아니다.

재 상 : 눌지 왕자는 미친 척할 수밖에 없었습니다. 만약에 그렇게 하지 않았다면 실성왕은 강제로라도 눌지 왕자를 볼모로 보냈을 테니까요. 그렇게 되면 왕의 자리는 영원히 실성왕 차지가 됩니다.

준 태 : 그렇지 않아요. 꼭 나라에 남아 있어야만 왕의 자리를 찾을 수 있는 것은 아니거든요. 이승만 대통령도 미국에서 활동을 하면서 나라의 독립을 위해 노력하고 나중에 돌아와서 대통령이 되었습니다. 눌지 왕자는 자기 욕심만 중요하게 생각했어요.

지 훈 : 눌지 왕자는 단순한 형이 아닙니다. 아버지인 내물왕이 죽었을 당시 너무 어렸기 때문에 실성왕이 대신 왕의 자리를 차지했던 것이지요. 눌지 왕자가 나중에 왕의 자리를 되찾지 않았다면 복호, 미사흔 왕자는 영원히 볼모로 잡혀 있어야 했을 것입니다.

창 호 : 동생을 데려오는 것이 그렇게 중요한 일이었다면 왜 직접 고구려나 왜나라 왕을 만나러 가지 않았을까요? 자기 동생은 자기가 돌보았어야 해요.

문 수 : 삼국지를 보면, 포로로 잡혀 온 제갈공명의 군사 말을 들은 사마천은 그대로 쳐들어가서 제갈공명을 물리치지요. 그건 제갈공명이 이른

새벽부터 잘못한 일이 있는 군사들을 다스리는 일부터 시작해 하루 종일 모든 일을 챙긴다는 말 한 마디 때문이었습니다. 우두머리가 작은 일에 목숨을 걸면 큰일을 해낼 수 없다는 것을 배웠습니다. 눌지 왕자도 그 진실을 알고 있었던 것입니다.

윤 선 : 그래요. 고구려, 왜나라 모두 박제상의 높은 인품을 부러워했거든요. 신라에 그렇게 높은 인품을 지닌 사람이 많다는 것을 깨달았을 것입니다. 눌지 왕자의 판단이 옳았습니다.

영 희 : 왕자가 볼모로 잡혀 있다는 것은 곧 나라의 힘이 그만큼 없었기 때문이겠지만 어린 동생들을 볼모로 보내면서까지 미친 척했던 눌지 왕자의 행동은 떳떳하지 못했습니다.

은 지 : 눌지 왕자는 개인의 몸이 아니었어요. 그렇게 행동하기까지는 많은 신하들의 충고가 있었기 때문입니다. 그 순간만은 절대로 신라 땅을 떠나면 안 된다고 판단을 내렸던 것이지요.

형 수 : 어떤 상황에 놓였을 때, 누구든지 가장 최선의 방법을 선택하게 됩니다. 작은 감정에 이끌리기보다는 먼 미래를 생각하고 결정한 것이었습니다.

철 규 : 눌지 왕자는 왕의 자리를 이어받아야 되는 왕자였습니다. 그런데 그런 왕자가 볼모로 잡혀 갔다면 신라는 더 힘을 잃었을 것입니다. 눌지 왕자는 정말 현명했습니다.

찬성하는 이유를 먼저 생각한 뒤에 생각지도를 그려 보도록 해요.

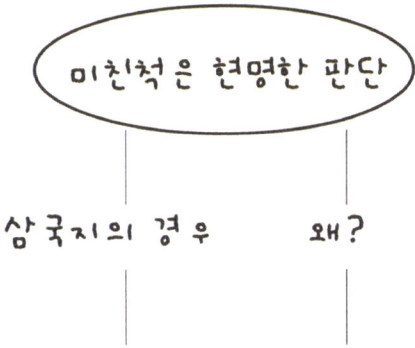

삼국지의 경우   왜?

작은 일에 목숨을 걸면 큰일을 할 수 없다   강제로 볼모로 보내졌을테니까

눌지 왕자는 개인의 몸이 아니다   그러면 왕의 자리는 실성왕의 차지

눌지 왕자는 왕의 자리에 앉아야 한다

예문보기

♡ 생각지도에 맞춰 찬성 논술을 써 보도록 해요.

　눌지 왕자가 미친 척하면서까지 자기 대신 두 동생을 볼모로 보낸 것은 현명한 판단이었습니다. 눌지 왕자는 첫째 왕자입니다. 실성왕으로부터 왕의 자리를 되찾아야만 하는 입장이었습니다. 만약에 눌지 왕자가 실성왕의 계획대로 볼모로 잡혀 갔다면 왕의 자리는 영원히 되찾을 수 없었을 것이고, 볼모로 끌려간 왕자들도 신라로 돌아올 수 없었을 것입니다.
　사랑하는 동생을 다른 나라의 볼모로 보낸 것은 억울하고 분한 일이었지만, 먼 훗날을 위해서 꾹 참았던 것입니다. 눌지 왕자는 평범한 집안의 맏이가 아니라 신라의 첫째 왕자였습니다. 그렇기 때문에 개인적인 감정보다는 나라를 먼저 생각했던 것입니다. 왕의 자리를 물려받아야 될 왕자가 고구려나 왜나라 볼모로 끌려갔다면 신라는 더더욱 힘을 잃었을 것이고, 결국 나라가 망할 수도 있었습니다.
　다른 나라에서 왕자를 볼모로 보내라고 요구한 것은 인질의 목적도 있는데 왕이 될 눌지 왕자가 인질로 잡혀 있다면 어떻게 되었을지 모릅니다.
　위급한 상황에 놓일수록 사람은 냉정한 판단을 해야 됩니다. 작은 감정에 이끌리기보다는 그 순간에는 힘들더라고 힘을 기를 때까지 기다려야 된다고 판단했던 눌지 왕자는 신라를 이끌어 갈 왕의 자격이 충분한 인물이었습니다.

예문보기

6단 논법으로 정리하기

- **안 건**: 눌지 왕자가 미친 척해서 자기 대신 두 동생을 볼모로 보낸 것은 현명한 판단이었다.
- **결 론**: 찬성이다.
- **이 유**: 눌지 왕자는 왕의 자리를 이어받을 맏이였다.
- **설 명**: 눌지 왕자가 실성왕의 계획대로 볼모로 잡혀 갔다면 왕의 자리는 영원히 되찾을 수 없을 것이고, 볼모로 끌려간 두 동생도 신라도 지킬 수 없었을 것이다.
- **반론 꺾기**: 왕자를 볼모로 요구한 데는 인질의 목적도 있는데, 왕의 자리를 물려받을 왕자가 볼모로 간다면 신라는 더더욱 힘을 잃었을 것이다.
- **정 리**: 때를 기다려야 된다고 판단한 눌지 왕자는 신라를 이끌어 갈 왕의 자격이 충분한 인물이었다.

선생님평가

눌지 왕자는 왕의 자리를 이어받을 맏이였기 때문에 자기 대신 두 동생을 볼모로 보낸 것은 현명한 판단이었다는 이유가 약합니다. 무조건 맏이만이 왕의 자리를 물려받는 건 아니기 때문입니다. 실성왕도 맏이라서 왕의 자리에 오른 건 아닙니다. 물론 왕자들이 너무 어렸기 때문에 다 자랄 때까지 왕의 자리를 지키겠다며 강제로 왕의 자리에 오르기는 했지만, 맏이는 볼모로 끌려가서는 안 된다는 내용이 설득력이 없습니다. 하지만 왕의 자리를 물려받을 가망이 가장 많은 눌지 왕자가 고구려나 왜나라의 볼모로 끌려갔다면 신라는 더더욱 힘을 잃었을 것이라는 반론꺾기는 좋습니다.
때를 기다릴 줄 아는 눌지 왕자의 판단을 높이 산 것도 인상적입니다.

선생님: 이번에는 찬성하는 입장에서 스스로 논술을 써 보도록 해요. 먼저 생각 지도를 그려 보면 좋은 글을 쓸 수 있겠죠?

안건 눌지 왕자가 미친 척해서 자기 대신 두 동생을 볼모로 보낸 것은 현명한 판단이었다.

6단논법으로 정리하기

안건

결론

이유

설명

반론 꺾기

정리

선생님평가

예문 보기

어린이 시 쓰기

선생님 : 눌지 왕자는 두 동생이 볼모로 끌려갈 때 피눈물을 흘렸습니다. 형제의 정이 그만큼 두터웠던 것이지요. 이번에는 두 동생을 다른 나라로 보내면서까지 미친 척했던 눌지 왕자를 떠올리며 먼저 생각을 적고, 시 한 편을 써 볼까요?

지 훈 : 눌지 왕자는 부모님도 돌아가시고 왕의 자리도 실성왕에게 빼앗겼어요. 그런데 사랑하는 두 동생이 다른 나라의 볼모로 끌려가야 했어요. 미친 척하면서 돌아다녔지만 떠나는 동생들을 보면서 남몰래 피눈물을 흘렸을 것입니다.

눌지 왕자

으흐흐 재미있다!
애들아 놀자!
미치광이 눌지가
동네방네 떠들고 다녀요

사람들 앞에서는
미친 척 웃고 떠들지만
담 모퉁이 돌아서는
옷소매에 뜨거운 눈물을
쓰윽 닦았죠

반대하는 이유를 먼저 생각한 뒤에 생각지도를 그려 보도록 해요.

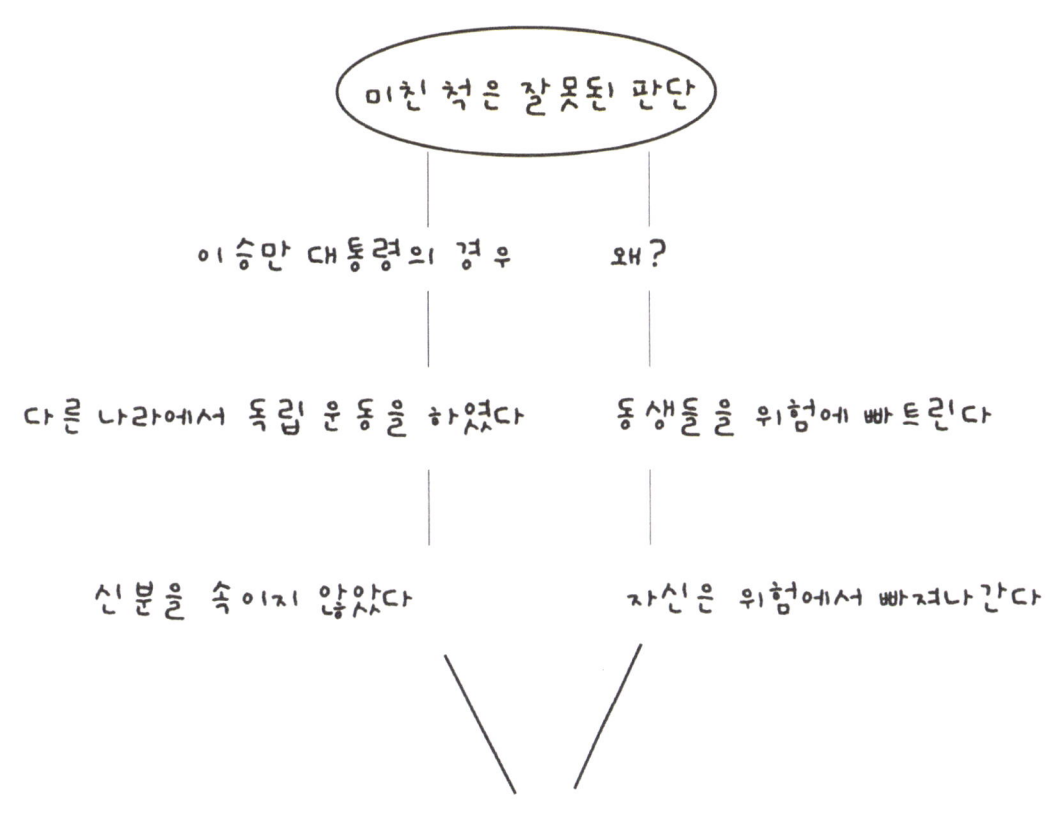

예문 보기

반대논술

생각지도에 맞춰 반대 논술을 써 보도록 해요.

눌지 왕자가 왕의 자리를 되찾기 위해 미친 척 하면서까지 동생들을 볼모로 보낸 것은 형의 도리가 아닙니다. 부모가 없을 때 큰형은 부모나 마찬가지입니다. 그리고 볼모로 끌려갈 때 복호 왕자의 나이는 겨우 열 살이었습니다. 그렇게 어린 동생이 대신 볼모로 끌려가게 한 것은 형의 도리를 지키지 않은 것이 됩니다.

꼭 자신이 신라에 남아 있어야만 왕의 자리를 되찾을 수 있고, 또 볼모로 끌려간 두 동생을 데려올 수 있는 것은 아닙니다. 이승만 대통령도 미국에서 활동하면서 독립 운동을 했고, 나중에 해방이 된 후에 우리 나라로 돌아와 대통령 자리에 앉았습니다. 나라와 나라끼리 서로 도움을 주고받으며 살아가야 될 입장이라면, 차라리 힘센 나라로 가서 그곳에서 힘을 길러 왕의 자리를 찾았어야 합니다. 그러면 두 동생 중에 한 동생이라도 고생을 시키지 않았을 것입니다. 그랬다면 더 위대한 왕으로 존경을 받았을 것입니다.

6단 논법으로 정리하기

안건과 결론 눌지 왕자가 왕의 자리를 되찾기 위해 미친 척하면서까지 동생들이 볼모로 끌려가게 한 것은 형의 도리가 아니다.

이유 부모가 없을 때 큰형은 부모나 마찬가지다.

설명 볼모로 끌려간 복호 왕자의 나이는 겨우 열 살이었다. 그 어린 동생을 보내면서까지 자신만 지킨 것은 옳지 못했다.

반론꺾기 나라와 나라끼리 서로 도우면서 살아야 되는 입장이었다면 눌지 왕자가 다른 나라로 가서 그곳에서 힘을 키웠어야 했다.

정리 동생들을 보내지 않고 스스로 볼모로 가서 그곳에서 힘을 키워 왕의 자리를 찾았다면 더 위대한 왕으로 인정받았을 것이다.

선생님평가

　왕의 자리를 되찾기 위해 미친 척하면서까지 두 동생을 볼모로 보낸 건은 잘못인데, 큰형은 부모나 마찬가지라서 그렇다는 이유가 약합니다. 눌지 왕자는 한 나라의 왕자였습니다. 그러니까 왕의 자리를 이어받을 왕자가 볼모로 가는 건과 왕이 될 사람의 동생이 볼모로 가는 건은 경우가 다릅니다. 나라와 나라끼리 서로 도우면서 살아야 되는 입장이라면, 눌지 왕자가 당연히 볼모로 가서 그곳에서 힘을 기른 뒤에 왕의 자리를 찾았어야 한다고 했는데, 그것은 결코 쉬운 일이 아닐 것입니다. 하지만 볼모로 끌려갔더라도 그곳에서 힘을 키워 돌아왔다면 더 위대한 왕으로 인정받았을 것이라는 정리는 좋습니다.

오늘 승리는 찬성쪽으로 돌아갑니다.

선생님: 이번에는 반대하는 입장에서 스스로 논술을 써 보도록 해요. 먼저 생각지도를 그려 보면 좋은 글을 쓸 수 있겠죠?

반대 눌지 왕자가 왕의 자리를 되찾기 위해 미친 척하면서까지 동생들을 볼모로 끌려가게 한 것은 형의 도리가 아니다.

6단 논법으로 정리하기

안건

결론

이유

설명

반론 꺾기

정리

선생님평가

오늘 승리는 (　　　)쪽으로 돌아갑니다.

정해진 안건에 맞춰 토론 수업하기

대화 나누기

사회자 박제상은 으뜸가는 충신이었지요. 하지만 그의 가족은 불행에 빠지고 말았습니다. 이번에는 정해진 안건에 맞춰 서로 의견을 나누도록 해요.

안건 박제상은 충성을 다 하는 것도 좋지만 가족을 먼저 돌보았어야 한다.
반대 박제상은 충성을 다 하기 위해 가족을 돌볼 수가 없었다.

다른 친구들과 나눈 대화를 ▢에 이름을 적고, 그 내용을 적어 보세요.

정해진 안건에 맞춰 토론 수업하기

생각 지도 그리기

찬성하는 이유를 먼저 생각한 뒤에 생각지도를 그려 보도록 해요.

정해진 안건에 맞춰 토론 수업하기

생각지도에 맞춰 찬성 논술을 써 보도록 해요.

정해진 안건에 맞춰 토론 수업하기

6단 논법으로 정리하기

안 건	
결 론	
이 유	
설 명	
반 론 꺾 기	
정 리	

선생님평가

어린이 시 쓰기

선생님 : 눌지왕은 박제상에게 두 동생을 구해 달라고 간곡하게 부탁하였습니다. 그만큼 형제의 정은 그 어떤 것으로든 끊을 수 없는 소중한 것입니다.
이번에는 동생이나, 누나, 오빠, 등 형제자매 사이에 있었던 일 중에서 기억에 남는 것을 떠올려서 먼저 생각을 적은 후에 시 한 편을 써 볼까요?

나의 생각 :

# 생각지도 그리기

반대하는 이유를 먼저 생각한 뒤에 생각지도를 그려 보도록 해요.

 지도

정해진 안건에 맞춰 토론 수업하기

생각지도에 맞춰 반대 논술을 써 보도록 해요.

정해진 안건에 맞춰 토론 수업하기

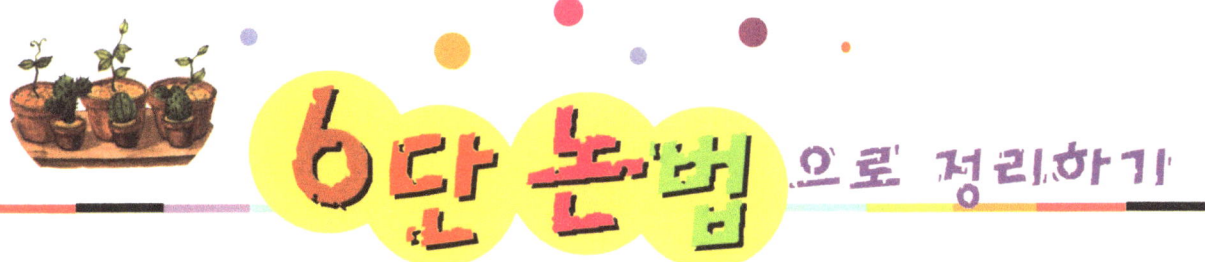

6단 논법으로 정리하기

안 건

결 론
이 유
설 명

반 론 꺾 기

정 리

선생님평가

오늘 승리는 (   )쪽으로 돌아갑니다.

 생각넓히기

만약에 두 동생을 볼모로 보냈던 눌지 왕자가 나였다면 어떤 심정이었을까요? 동화 식으로 재미있게 꾸며 보고, 그림으로 그려 볼까요?

"복호야, 미사흔아 ……. 너희들을 볼모로 보낼 수밖에 없구나. 정말 미안하다."
나는 눈물을 참으며 간신히 말했어요.
(다음을 이어서 써 보세요.)

친구들과 토론 수업하기

대화 나누기

사 회 자 박제상 중에서 아직 다루어지지 않은 중요한 안건을 정해 토론을 해 볼까요?

먼저 안건을 정한 뒤에 다른 친구들과 나눈 대화를   에 이름을 적고, 그 내용도 적어 보세요.

친구들과 토론 수업하기

찬성하는 이유를 먼저 생각한 뒤에 생각지도를 그려 보도록 해요.

친구들과 토론 수업하기

생각지도에 맞춰 찬성 논술을 써 보도록 해요.

친구들과 토론 수업하기

6단 논법으로 정리하기

- **안 건**
- **결 론**
- **이 유**
- **설 명**
- **반론 꺾기**
- **정 리**

선생님평가

어린이 시 쓰기

선생님 : 박계랑의 부인은 정말 남편을 사랑하였지요? 누구에게나 사랑하는 사람이 있어요. 이번에는 사랑하는 사람을 생각하며 떠오르는 생각을 먼저 적은 후에 자유롭게 시 한 편을 써 보도록 해요.

나의 생각 :

친구들과 토론 수업하기

 생각 지도 그리기

반대하는 이유를 먼저 생각한 뒤에 생각지도를 그려 보도록 해요.

 지도

친구들과 토론 수업하기

반대 논술

생각지도에 맞춰 반대 논술을 써 보도록 해요.

친구들과 토론 수업하기

6단 논법으로 정리하기

안 건
_____

결 론
_____
이 유
_____
설 명
_____

반 론 꺾 기
_____
정 리
_____

선생님평가

오늘 승리는 (   )쪽으로 돌아갑니다.

일기 쓰기

여러분이 박제상 부인의 입장이 되어 일기를 써 보세요. 집에 들르지도 않은 채 왜나라로 떠날 때의 일, 눈이 오나 비가 오나 사랑하는 사람을 기다릴 때의 일, 사랑하는 사람이 죽었다는 소식을 들었을 때의 일, 어린 자식들을 두고 죽어 갈 때의 일, 새가 되어 사랑하는 사람의 넋을 신라로 데려올 때의 일 등 가장 인상 깊었던 내용을 골라 일기로 써 보고, 그림도 그려 보세요.

생각넓히기

생각넓히기

독후감상문 쓰기

'박제상'의 독후감상문을 편지 형식으로 써 볼까요?

생각넓히기

생각넓히기

상상하여 표현하기

만약에 우리 아버지가 박제상처럼 모든 사람들이 우러르고 존경하는 사람인데, 나라와 직장만을 위해 일하느라 가정과 가족을 전혀 돌볼 수가 없었다면 우리 가족은 어떻게 살아가고 있을 것 같은가요?
(상상하고 글이나 그림으로 자유롭게 표현하세요.)

생각넓히기

생각넓히기

생각넓히기

생각넓히기

말하기 토론 시간

선생님

여러분은 '박제상'을 읽고 주인공들의 행동이나 이야기를 안건으로 내세워 토론을 해 보았습니다.

이번에는 신문이나 방송, 학교 등에서 일어나는 여러 일들 중 새로운 안건을 정해 토론을 해 볼까요? 안건이 주어지면 주장할 내용과 자료를 미리 준비한 후 친구들과 재미있게 토론을 해 보도록 해요. 그러면 말하기 실력이 쑥쑥 올라갈 거예요.

오늘의 안건

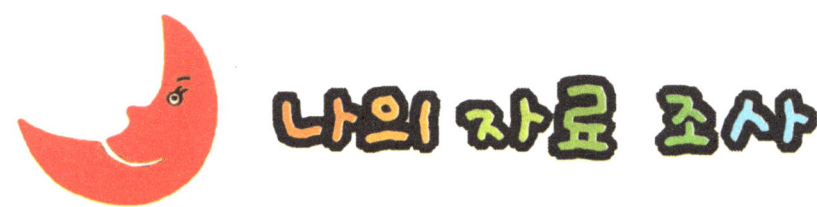

나의 자료 조사

자기 주도 독서 · 토론 · 논술 커리큘럼 ⑥
「박제상」 읽고 토론 · 논술 커리큘럼 완전정복

초판 인쇄일 : 2022년 3월 5일
초판 발행일 : 2022년 3월 9일

기획 · 구성 : 자유토론
발행인 : 김종윤
펴낸곳 :   주식회사 자유지성사
등록번호 : 제 2 - 1173호
등록일자 : 1991년 5월 18일

서울특별시 송파구 위례성대로 8길 58, 202호
전화 : 02) 333- 9535 / 팩스 : 02) 6280- 9535
E-mail : fibook@naver.com
ISBN : 978 - 89 - 7997 - 424 - 9 (73810)

발행인의 허락없이 무단전재나 복제를 할 수 없습니다.
파본은 구입하신 서점에서 교환하여 드립니다.